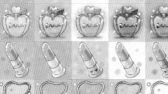

おべんきょうチェック☆シール

キャラクター☆シール

JN026493

ヘボン式ローマ字

	a	i	u	e	o
	あ a	い i	う u	え e	お o
k	か ka	き ki	く ku	け ke	こ ko
s	さ sa	し※ shi	す su	せ se	そ so
t	た ta	ち※ chi	つ※ tsu	て te	と to
n	な na	に ni	ぬ nu	ね ne	の no
h	は ha	ひ hi	ふ hu	へ he	ほ ho
m	ま ma	み mi	む mu	め me	も mo
y	や ya		ゆ yu		よ yo
r	ら ra	り ri	る ru	れ re	ろ ro
w	わ wa				を wo
	ん n				

※印がついた文字はちがう書き方もあります。

このドリルの使い方

練習のページ

復習のページ

お楽しみのページ

英語の学習で大切なアルファベット，ローマ字，単語を練習しよう。お手本を見ながらていねいに書いてね。

これまでにおぼえた，アルファベット，ローマ字，単語をふく習するよ！まん点を目指してがんばろう♪

アルファベットの学習で大切なポイントを，イラストを使って楽しくしょうかいするよ。

おうちの方へ

★ このドリルでは，小学生が学習するアルファベットやローマ字，英単語を掲載しています。

★ 解答は 111〜116 ページにあります。問題を解き終えたら，答え合わせをしてあげてください。

1

おとなの まほう使いに なりたい 女の子たちの おはなし

まほう王国の かがやく なかまたちが やってきた。

いっしょにがんばるお友だち

この本に出てくるお友だちだよ。
いっしょにがんばろう！

みんなのお兄さん的
そんざい。
こまったときにそっと
助けてくれるよ。

シエル

アッサム

デイジーのお花に
守られている
とってもやさしい
男の子。

デイジー

まほう使い見習いの
元気な女の子。
海や山で遊ぶのが
大好き！

ピオニー

まほう使い見習いの
お上品な女の子。
お花を育てるのが
とく意なの。

チャイ

ピオニーのお花に
守られている
ちょっとくいしんぼうな
男の子。

モカ

ダリアのお花に
守られている
こうき心おうせいな
女の子。

ダリア

まほう使い見習いの
おてんばな女の子。
スイーツやスポーツ
が大好き！

アイリス

まほう使い見習いの
大人っぽい女の子。
音楽やアート，
読書が大好きなの。

ラテ

アイリスのお花に
守られている
物知りでかしこい
女の子。

もくじ

このドリルの使い方 ……………………… 1

いっしょにがんばるお友だち ……………… 2

1 アルファベット ………………… 5〜6

2 アルファベット
大文字(A〜C) ……………………… 7〜8

3 アルファベット
大文字(D〜F) ……………………… 9〜10

かくにんテスト① ……………………… 11〜12

4 アルファベット
大文字(G〜I) ……………………… 13〜14

5 アルファベット
大文字(J〜L) ……………………… 15〜16

かくにんテスト② ……………………… 17〜18

まとめテスト① ………………………… 19〜20

6 アルファベット
大文字(M〜O) ……………………… 21〜22

7 アルファベット
大文字(P〜R) ……………………… 23〜24

かくにんテスト③ ……………………… 25〜26

8 アルファベット
大文字(S〜U) ……………………… 27〜28

9 アルファベット
大文字(V〜X) ……………………… 29〜30

10 アルファベット
大文字(Y, Z) ………………………… 31

コラム① 形のにている大文字 ………… 32

かくにんテスト④ ……………………… 33〜34

まとめテスト② ………………………… 35〜36

11 アルファベット
小文字(a〜c) ……………………… 37〜38

12 アルファベット
小文字(d〜f) ……………………… 39〜40

かくにんテスト⑤ ……………………… 41〜42

13 アルファベット
小文字(g〜i) ……………………… 43〜44

14 アルファベット
小文字(j〜l) ……………………… 45〜46

かくにんテスト⑥ ……………………… 47〜48

まとめテスト③ ………………………… 49〜50

15 アルファベット
小文字(m〜o) ……………………… 51〜52

⑯ アルファベット
小文字(p〜r) ···············53〜54

かくにんテスト⑦ ·················55〜56

⑰ アルファベット
小文字(s〜u) ···············57〜58

⑱ アルファベット
小文字(v〜x) ···············59〜60

⑲ アルファベット
小文字(y, z) ·················· 61

コラム② 形のにている小文字 ·········62

かくにんテスト⑧ ·················63〜64

まとめテスト④ ·················65〜66

⑳ ローマ字(清音) ·················67〜68

㉑ ローマ字
(だく音・半だく音・よう音) ···69〜70

㉒ ローマ字
(つまる音・のばす音) ·········71〜72

㉓ ローマ字(人名・地名) ·········73〜74

まとめテスト⑤ ·················75〜76

㉔ いろいろなくだもの ··········77〜78

㉕ いろいろなやさい ·········79〜80

㉖ いろいろな動物 ··············81〜82

かくにんテスト⑨ ·················83〜84

㉗ いろいろな色 ··············85〜86

㉘ いろいろな文ぼう具·········87〜88

㉙ いろいろなスポーツ············89〜90

かくにんテスト⑩ ·················91〜92

㉚ 体の部分 ··············93〜94

㉛ いろいろな形 ··············95〜96

㉜ 曜日の名前 ··············97〜98

かくにんテスト⑪ ·················99〜100

㉝ いろいろな天気 ·········101〜102

㉞ 気持ちやようすを
表すことば ···········103〜104

㉟ 数字 1〜12 ·················105〜106

かくにんテスト⑫ ·················107〜108

まとめテスト⑥ ·················109〜110

答え ·················111〜116

アルファベットは英語やローマ字を書くときに使うよ。
大文字と小文字があって、それぞれ 26 文字あるのよ。

大文字

A B C

D E F G H

I J K L M

N O P Q R

S T U V W

X Y Z

小文字

a b c

d e f g h

i j k l m

n o p q r

s t u v w

x y z

大文字と小文字とは
形や大きさがちがうね。

💜 書きじゅんをさんこうにしながらうすい文字をなぞったあと，下に同じように書いてみましょう。

※アルファベットの書きじゅんは他にもあります。

まほうのステッキが書きじゅんを教えてくれているわよ。

エイ

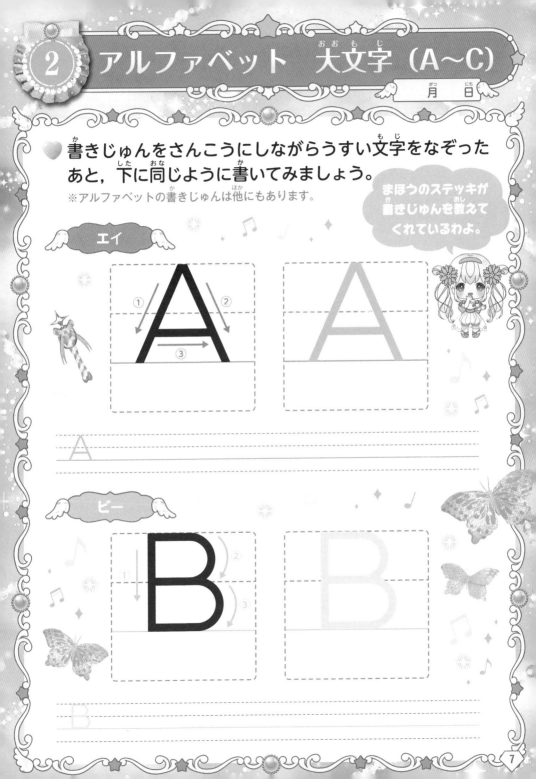

ビー

7

スィー

C

C

ならべてみよう

❤ 次の文字をアルファベットじゅんに書きましょう。

C　A　B

あなたのまほうで
正しいじゅんに
直してね。

答え　A B C

今ココ

A	B	C	D	E	F	G	H	I	J	K	L	M
N	O	P	Q	R	S	T	U	V	W	X	Y	Z

💙 書きじゅんをさんこうにしながらうすい文字をなぞった
あと，下に同じように書いてみましょう。

※アルファベットの書きじゅんは他にもあります。

Eはまん中の
横線を少し
みじかく書いてね！

ディー

D ① ②

D

D

イー

E ① ② ③ ④

E

エフ

①②③

F

ならべてみよう

♥ 次の文字をアルファベットじゅんに書きましょう。

E   F   D

F「エフ」の
「フ」は上の歯を
下くちびるにあてて
発音するよ。

答え DEF

今ココ

A	B	C	D	E	F	G	H	I	J	K	L	M
N	O	P	Q	R	S	T	U	V	W	X	Y	Z

10

かくにんテスト ❶

点

1 アルファベットじゅんになるように，☐☐☐ に大文字を書きましょう。

20点×2

①

アルファベットのじゅん番，正しくおぼえているかな？

②

2 アルファベットのカードがならんでいます。1まいだけかくれてよく見えないカードがあります。その文字を ☐☐☐ に大文字で書きましょう。

10点

答え

11

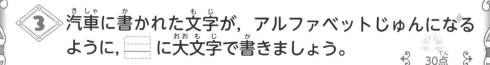

③ 汽車に書かれた文字が，アルファベットじゅんになるように，◌◌に大文字で書きましょう。

30点

答え

---

④ 絵の中に３つのアルファベットがかくれています。それらを見つけて，アルファベットじゅんの早いものからじゅん番に，◌◌に大文字で書きましょう。

20点

答え

💙 書きじゅんをさんこうにしながらうすい文字をなぞったあと，下に同じように書いてみましょう。

※アルファベットの書きじゅんは他にもあります。

GはＧと書くこともあるんだよ！

チー

G　　G

G

エイチ

H

① →
②
③ →

ならべてみよう

次の文字をアルファベットじゅんに書きましょう。

H   G   I

H「エイチ」は
「エイ」を
強く発音しよう。

答え ___GHI___

今ココ

A	B	C	D	E	F	G	H	I	J	K	L	M
N	O	P	Q	R	S	T	U	V	W	X	Y	Z

❤ 書きじゅんをさんこうにしながらうすい文字をなぞったあと，下に同じように書いてみましょう。

※アルファベットの書きじゅんは他にもあります。

JはＪと書くこともあるんだよ！

ヂェイ

J　J

J

ケイ

K　K

K

エル

①
②

ならべてみよう

💜 次の文字をアルファベットじゅんに書きましょう。

L　K　J

Kは「ケー」
ではなくて
「ケイ」と
発音してね。

答え　JKL

今ココ

A	B	C	D	E	F	G	H	I	J	K	L	M
N	O	P	Q	R	S	T	U	V	W	X	Y	Z

16

かくにんテスト❷

☆　点

月　日　答え111ページ

◆**1** スタートからゴールまで，アルファベットじゅんに
線でむすびましょう。
☜ 20点 ☞

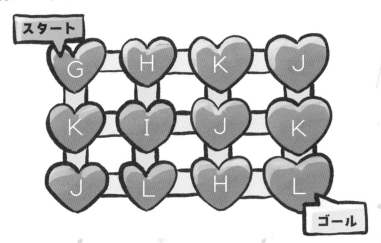

◆**2** それぞれの木から，1つだけちがう文字が書かれた
リンゴを見つけて，そのアルファベットを ⸻ に
大文字で書きましょう。
☜ 10点×2 ☞

3　上下のパズルを組み合わせて，アルファベットが
　できるように線でむすびましょう。　　　10点×3

① ② ③

ア イ ウ

4　アルファベットじゅんになるように，①と②の
　カードに入る大文字を　　に書きましょう。

15点×2

① ②

I　J

① ②

まとめテスト ❶

点

月　日　答え111ページ

1 アルファベットじゅんになるように，◻に大文字を書きましょう。

10点×2

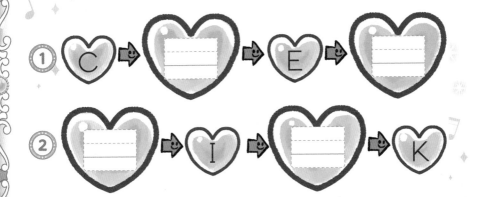

① C ➡ ◻ ➡ E ➡ ◻

② ◻ ➡ I ➡ ◻ ➡ K

2 AからLまでをアルファベットじゅんに線でつないで，絵をかんせいさせましょう。

20点

何の動物か
わかるかな？

A　B
　C
　　D　　　　E
L
K　　　　G　F
　　　H
J　　I

まほうで
動物を
出したけど
しっぱい
しちゃったぁ。

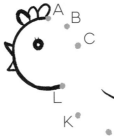

19

AからLまでのアルファベットのうち，ふくろの中に入っていない文字を3つ見つけて，□□□に大文字で書きましょう。

30点

④ ばらばらになったカードに書かれた文字を，アルファベットじゅんの早いものからじゅん番に，□□□に大文字で書きましょう。

30点

答え

♥ 書きじゅんをさんこうにしながらうすい文字をなぞった
あと，下に同じように書いてみましょう。

※アルファベットの書きじゅんは他にもあります。

> N「エン」の
> 「ン」は口をとじずに
> 発音するよ！

エム

エン

オウ

ならべてみよう

❤ 次の文字をアルファベットじゅんに書きましょう。

O M N

Oは「オー」ではなくて「オウ」と発音してね。

答え MNO

今ココ

A	B	C	D	E	F	G	H	I	J	K	L	M
N	O	P	Q	R	S	T	U	V	W	X	Y	Z

22

💜 書きじゅんをさんこうにしながらうすい文字をなぞったあと，下に同じように書いてみましょう。

※アルファベットの書きじゅんは他にもあります。

Qはななめの線をわすれずに書いてね！

ピー

P　P

P

キュー

Q　Q

Q

アー

R R

R

ならべてみよう

❤ 次の文字をアルファベットじゅんに書きましょう。

P R Q

Rは舌が上あごに
つかないように
発音してね。

答え PQR

今ココ

A	B	C	D	E	F	G	H	I	J	K	L	M
N	O	P	Q	R	S	T	U	V	W	X	Y	Z

24

かくにんテスト❸

月　日　 答え112ページ

◇**1**◇ MからRのじゅんにならんでいるところを３つさがして，⬚でかこみましょう。

10点×3

R	M	🍎	M	N	O	P	Q	R
O	N	M	P	Q	N	R	M	N
Q	O	P	N	M	O	Q	P	R
P	P	Q	O	O	Q	N	O	🍒
M	Q	R	🍐	R	P	O	N	Q
Q	R	N	P	O	R	Q	P	O
🍓	N	P	O	R	M	P	R	N

> たて，横，ななめに1列にならんでいるものをさがしてね。

◇**2**◇ カードに書かれた文字を，アルファベットじゅんの早いものからじゅん番に，⬚に大文字で書きましょう。

20点

 答え

25

3 家の中にかくれているアルファベットを，下の ⬚ に
書きましょう。

10点×3

① ② ③

4 MからRまでのアルファベットの中で，ガムマシーン
の中にないものを2つ， ⬚ に大文字で書きましょう。

20点

答え

月　日

❤ 書きじゅんをさんこうにしながらうすい文字をなぞった
あと，下に同じように書いてみましょう。

※アルファベットの書きじゅんは他にもあります。

Sはとちゅうで止めずに
一気に書いてね！

エス

S ① 　　　　S

S

ティー

② ① T 　　　　T

T

ユー

U

U

U

次の文字をアルファベットじゅんに書きましょう。

T S U

Tは横線を
たて線よりも
みじかく書いてね。

答え STU

今ココ

A	B	C	D	E	F	G	H	I	J	K	L	M
N	O	P	Q	R	S	T	U	V	W	X	Y	Z

月　日

書きじゅんをさんこうにしながらうすい文字をなぞったあと，下に同じように書いてみましょう。

※アルファベットの書きじゅんは他にもあります。

V「ヴィー」の「ヴ」は上の歯を下くちびるにあてて発音するんだよ！

ヴィー

V

ダヴリュー

W

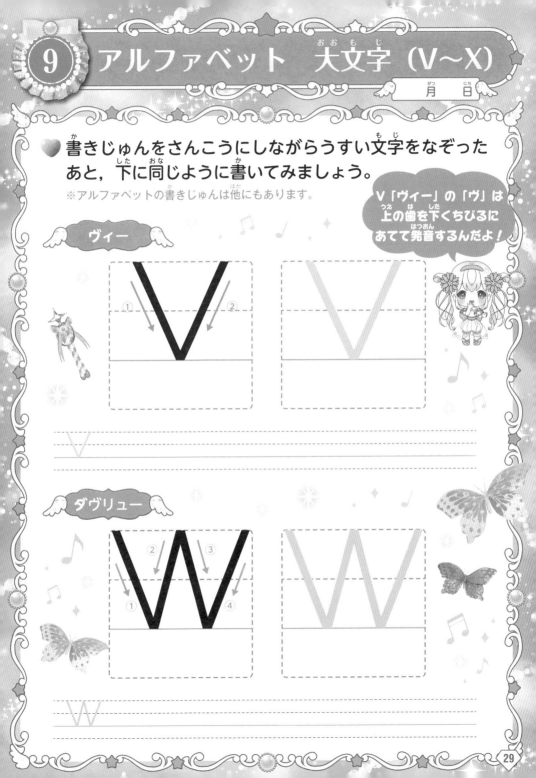

エックス

X ① ②

X

ならべてみよう

❤ 次の文字をアルファベットじゅんに書きましょう。

X　V　W

Xは2番目の線で
まじわるように
書いてね。

答え　V W X

今ココ

A	B	C	D	E	F	G	H	I	J	K	L	M
N	O	P	Q	R	S	T	U	V	W	X	Y	Z

30

月 日

❤ 書きじゅんをさんこうにしながらうすい文字をなぞったあと，下に同じように書いてみましょう。

※アルファベットの書きじゅんは他にもあります。

Zは「ジー」ではなくて「ズィー」と発音するんだよ！

ワイ

ズィー

31

かくにんテスト❹

点

月 日 答え112ページ

◆1◆ スタートからゴールまで，アルファベットじゅんに線でむすびましょう。

20点

スタート

まほうで
ブドウのめいろを
作りましたわ。

ゴール

◆2◆ 四つ葉のクローバーを3つ見つけて，そこに書かれているアルファベットを □ に大文字で書きましょう。

10点×3

答え

3 2まいのカードをつなげてできるアルファベットを2つ見つけて，□□に大文字で書きましょう。 10点×2

同じもようの
カードを
つないでみよう。

答え

4 SからZまでのアルファベットをぬりつぶし，できあがったアルファベットを□□に大文字で書きましょう。
30点

G	E	A	J	B
S	V	S	W	T
F	F	Z	N	N
K	R	Y	A	P
M	L	U	I	D
Q	A	X	F	L
H	C	W	N	O

答え

1 スタートからゴールまで，アルファベットじゅんに線でむすびましょう。ただし，ななめには進めません。

20点

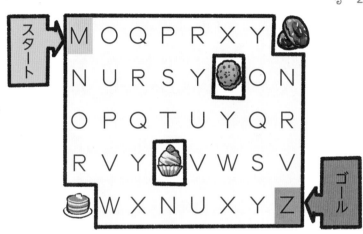

```
スタート → M O Q P R X Y
          N U R S Y O N
          O P Q T U Y Q R
          R V Y V W S V
          W X N U X Y Z ← ゴール
```

2 アルファベットじゅんになるように， に大文字を書きましょう。

10点×2

① P ⇒ ___ ⇒ R ⇒ ___

② ___ ⇒ V ⇒ ___ ⇒ X

3 MからZまでのアルファベットのうち, ひなが生まれた たまごに書かれていた文字を3つ見つけて, ▱ に 大文字で書きましょう。

30点

答え

4 アルファベットの形のクッキーを5まい見つけて, アルファベットじゅんの早いものからじゅん番に, ▱ に大文字で書きましょう。

30点

答え

💜 書きじゅんをさんこうにしながらうすい文字をなぞった
あと，下に同じように書いてみましょう。

※アルファベットの書きじゅんは他にもあります。

> キラキラのまほうで
> アルファベットが
> スラスラ書けるね。

エイ

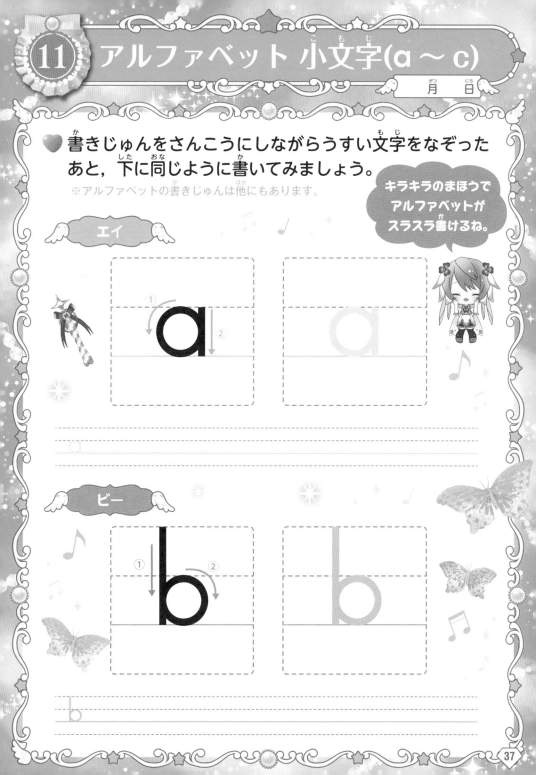

a

ビー

b

C   C

ならべてみよう

次の文字をアルファベットじゅんに書きましょう。

c   a   b

正しいじゅん番,
おぼえているかな。

答え ___ a b c

今ココ

a	b	c	d	e	f	g	h	i	j	k	l	m
n	o	p	q	r	s	t	u	v	w	x	y	z

12 アルファベット 小文字(d～f)

月　日

💜 書きじゅんをさんこうにしながらうすい文字をなぞった
あと，下に同じように書いてみましょう。

※アルファベットの書きじゅんは他にもあります。

dはたて線を
右に書くよ。

ディー

イー

39

エフ

f ① ②

f

ならべてみよう

次の文字をアルファベットじゅんに書きましょう。

f d e

fの横線は2番目の
線の上に書こう。

答え　def

今ココ

a	b	c	d	e	f	g	h	i	j	k	l	m
n	o	p	q	r	s	t	u	v	w	x	y	z

40

月　日 答え113ページ

1 れいにならって同じアルファベットの大文字と小文字を線でつなぎましょう。

10点×3

れい　①　②　③
C　B　D　F

ア　イ　ウ　エ
f　b　c　d

2 左から右へ，アルファベットじゅんになるように，①と②に入る小文字を□□に書きましょう。

10点×2

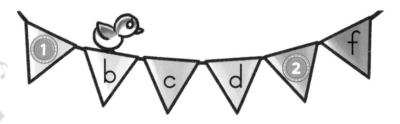

① b c d ② f

① 　　　　　　②

f，bと書かれたほうせきはそれぞれ何こずつあります
か。（　　）にほうせきの数を書きましょう。 ✦ 10点×2 ✦

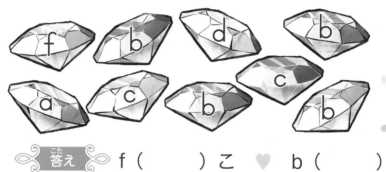

答え　f（　　　）こ　♥　b（　　　）こ

4　ペンギンがアルファベットじゅんにならんでいます。
後ろを向いているペンギンのおなかについている文字
を，▱ に小文字で書きましょう。　✦ 10点×3 ✦

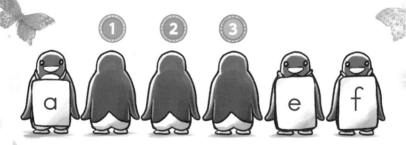

①　　　　　　②　　　　　　③

月 日

書きじゅんをさんこうにしながらうすい文字をなぞったあと，下に同じように書いてみましょう。

※アルファベットの書きじゅんは他にもあります。

gは g と書くこともあるよ。

デー

① ②

g

g

g

エイチ

① ②

h

h

h

② ●

① ↓

ならべてみよう

次の文字をアルファベットじゅんに書きましょう。

h i g

i は上の点を
わすれずに書こう。

答え　　ghi

今ココ

a	b	c	d	e	f	g	h	i	j	k	l	m
n	o	p	q	r	s	t	u	v	w	x	y	z

月 日

💜 書きじゅんをさんこうにしながらうすい文字をなぞったあと，下に同じように書いてみましょう。

※アルファベットの書きじゅんは他にもあります。

> j は2番目の線から書きはじめるよ。

チェイ

j

j

ケイ

k

k

エル

① ↓

ならべてみよう

❤ 次の文字をアルファベットじゅんに書きましょう。

j　l　k

l「エル」の「ル」は
舌を上の歯のうしろに
軽くあてて発音しよう。

答え　jkl

今ココ

a	b	c	d	e	f	g	h	i	j	k	l	m
n	o	p	q	r	s	t	u	v	w	x	y	z

1 アルファベットの大文字と小文字の組み合わせが正しければ○を，ちがっていれば×を（　）に書きましょう。

5点×4

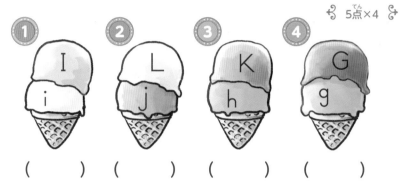

①	②	③	④
I i	L j	K h	G g

（　　　）　（　　　）　（　　　）　（　　　）

2 左から右へ，アルファベットじゅんになるように，❶と❷に入る小文字を ⬚ に書きましょう。

10点×2

h ❶ j k ❷

❶ ⬚　　❷ ⬚

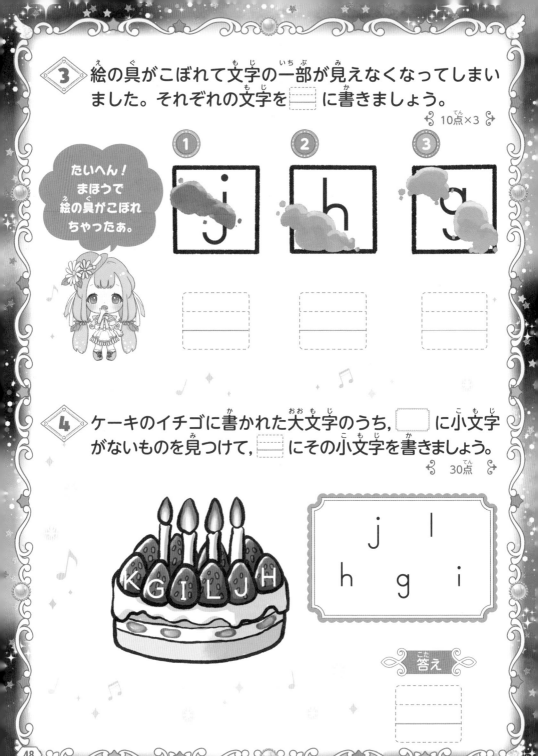

3 絵の具がこぼれて文字の一部が見えなくなってしまいました。それぞれの文字を□□に書きましょう。

⦅ 10点×3 ⦆

① ② ③

たいへん！
まほうで
絵の具がこぼれ
ちゃったぁ。

4 ケーキのイチゴに書かれた大文字のうち，□に小文字がないものを見つけて，□□にその小文字を書きましょう。

⦅ 30点 ⦆

K G I L J H

j l
h g i

答え

まとめテスト ❸

点

月　日　　答え113ページ

1 スタートからゴールまで，アルファベットじゅんに線でむすびましょう。

20点

ななめのまほうも使ってね。

2 キャンディーに書かれたアルファベットのうち，大文字を３つ見つけて，その小文字を ▭ に書きましょう。

10点×3

答え

49

アルファベットの大文字と小文字の組み合わせがまちがっているリボンを2つ見つけて，[____]に正しい小文字を書きましょう。

{ 10点×2 }

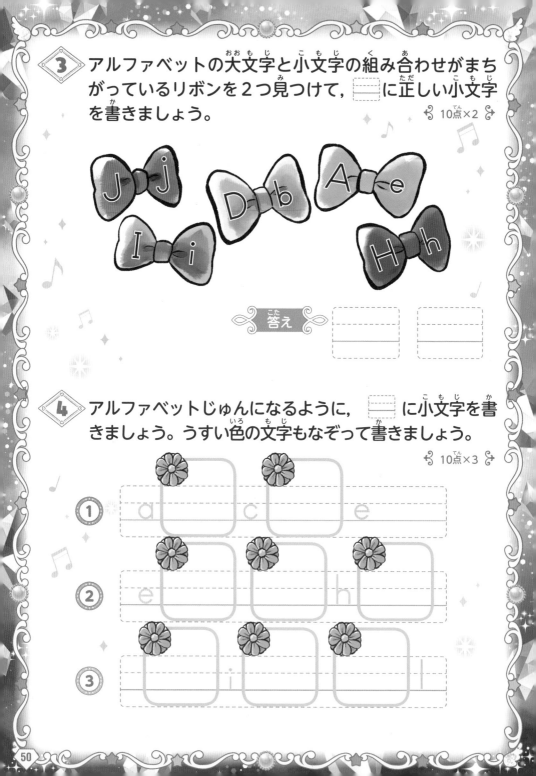

答え [____] [____]

4 アルファベットじゅんになるように，[____]に小文字を書きましょう。うすい色の文字もなぞって書きましょう。

{ 10点×3 }

① a c e

② e h

③ i l

💗 書きじゅんをさんこうにしながらうすい文字をなぞった
あと，下に同じように書いてみましょう。

※アルファベットの書きじゅんは他にもあります。

m「エム」の「ム」は
口をとじて発音するよ。

エム

エン

○ ○

ならべてみよう

💛 次の文字をアルファベットじゅんに書きましょう。

n o m

mは山が2つ、
nは山が1つだね。

答え ___ m n o ___

今ココ

a	b	c	d	e	f	g	h	i	j	k	l	m
n	o	p	q	r	s	t	u	v	w	x	y	z

♥ 書きじゅんをさんこうにしながらうすい文字をなぞったあと，下に同じように書いてみましょう。

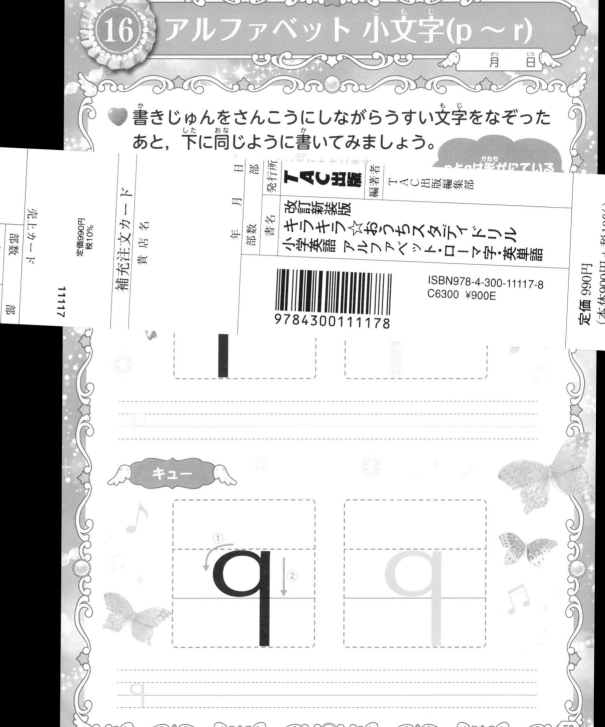

補充注文カード
貴店名

書名 改訂新装版 キラキラ☆おうちスタディドリル 小学英語 アルファベット・ローマ字・英単語
編著者 TAC出版編集部
発行所 TAC出版
年 月 日 部数

ISBN978-4-300-11117-8
C6300 ¥900E
9784300111178

定価990円
（本体900円＋税10%）

完工カード
11117

定価990円
税10%

書名 改訂新装版 小学英語 アルファベット・ローマ字・英単語 キラキラ☆おうちスタディドリル
ISBN978-4-300-11117-8
C6300 ¥900E
9784300111178

編著者 TAC出版編集部
発行所 TAC出版

定価 990円
（本体900円）

キュー

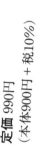

r

r

ならべてみよう

次の文字をアルファベットじゅんに書きましょう。

q   r   p

r は「アー」と
さいごに舌を丸めて
発音しよう。

答え   p q r ☆

今ココ

a	b	c	d	e	f	g	h	i	j	k	l	m
n	o	p	q	r	s	t	u	v	w	x	y	z

かくにんテスト ❼

点

月　日　答え113ページ

1 スタートからゴールまで，アルファベットじゅんにくり返したどって進みましょう。ただし，ななめには進めません。

10点

m〜rを3回くり返したらゴールだよ。

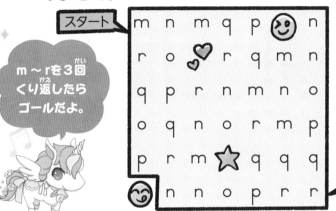

スタート

```
m  n  m  q  p  😉  n
r  o  ❤  r  q  m  n
q  p  r  n  m  n  o
o  q  n  o  r  m  p
p  r  m  ⭐ q  q
😊 n  n  o  p  r  r
```

ゴール

2 絵の中に3つのアルファベットの小文字がかくれています。それらを見つけて，アルファベットじゅんの早いものからじゅん番に ⬚ に書きましょう。 30点

答え

55

3 つみ木に書かれている大文字を小文字にして，⬚ に
書きましょう。

😊 10点×3 😊

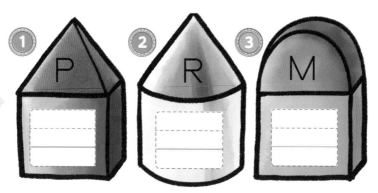

4 mからrまでのアルファベットのうち，下の星に書かれてい
ない文字を2つ見つけて，⬚ に小文字で書きましょう。

😊 30点 😊

答え

月　日

書きじゅんをさんこうにしながらうすい文字をなぞったあと，下に同じように書いてみましょう。

※アルファベットの書きじゅんは他にもあります。

† はたて線の書きはじめの位置に気をつけてね。

エス

s

ティー

t

57

ユー

u  u

ならべてみよう

💗 次の文字をアルファベットじゅんに書きましょう。

u　t　s

uは右のたて線を
わすれずに書こう。

答え ＿ s t u ☆

今ココ

a	b	c	d	e	f	g	h	i	j	k	l	m
n	o	p	q	r	s	t	u	v	w	x	y	z

58

❤ 書きじゅんをさんこうにしながらうすい文字をなぞった
あと，下に同じように書いてみましょう。

※アルファベットの書きじゅんは他にもあります。

vはuのように下を
丸く書かないよ。

ヴィー

① ②
V

V

ダヴリュー

① ② ③ ④
W

W

W

X ① ②

X

x

ならべてみよう

💜 次の文字をアルファベットじゅんに書きましょう。

W V X

wは2番目と3番目の線のあいだに書こう。

答え ＿ v w x

今ココ

a	b	c	d	e	f	g	h	i	j	k	l	m
n	o	p	q	r	s	t	u	v	w	x	y	z

月　日

💜 書きじゅんをさんこうにしながらうすい文字をなぞった
あと，下に同じように書いてみましょう。

※アルファベットの書きじゅんは他にもあります。

yのななめの線は
4番目の線まで
のばすよ。

ワイ

ズィー

61

形のにている小文字

💙 形のにている小文字をくらべてみよう。

jは下の線を曲げて長く書くのよ。

bとdは向きがぎゃくだね!

アイ
i

チェイ
j

ビー
b

ディー
d

ピー
p

キュー
q

エイチ
h

エン
n

pとqは向きがぎゃくだよ。

hとnは左のたて線の長さがちがうよ!

月　日　答え114ページ

1

スタートからゴールまで，アルファベットじゅんに
くり返し線でつないで，絵をかんせいさせましょう。

⟨ 20点 ⟩

s〜zを2回
くり返したら
ゴールだよ。

2

それぞれの音ぷが同じ大文字と小文字の組み合わせに
なるように，①〜③に入る小文字を ▭ に書きましょう。

⟨ 10点×3 ⟩

① ▭

② ▭

③ ▭

3 ボールに書かれた文字をアルファベットじゅんの早い
ものからじゅん番に，［＿＿］に小文字で書きましょう。

๛ 30点 ๛

S V X Z U

答え

4 アルファベットじゅんになるように，［＿＿］に小文字を
書きましょう。

๛ 10点×2 ๛

① S ➡ ［＿＿］ ➡ ［＿＿］ ➡ V

② ［＿＿］ ➡ X ➡ ［＿＿］ ➡ Z

1 アルファベットの大文字と小文字の組み合わせが正しければ〇を, ちがっていれば×を（　）に書きましょう。

4点×5

① T r （　　）　② v u （　　）　③ Q q （　　）

④ Y y （　　）　⑤ N n （　　）

2 それぞれの大文字を小文字にして, □ に書きましょう。

10点×3

① 〇 ➡

② S ➡

③ X ➡

形が同じでも, 大文字と小文字では書く場所がちがうよ。

65

3

mからzまでのアルファベットの中で，下のかざりに書かれていない文字を4つ見つけて，□□□にアルファベットじゅんの早いものからじゅん番に小文字で書きましょう。

♪ 20点 ♪

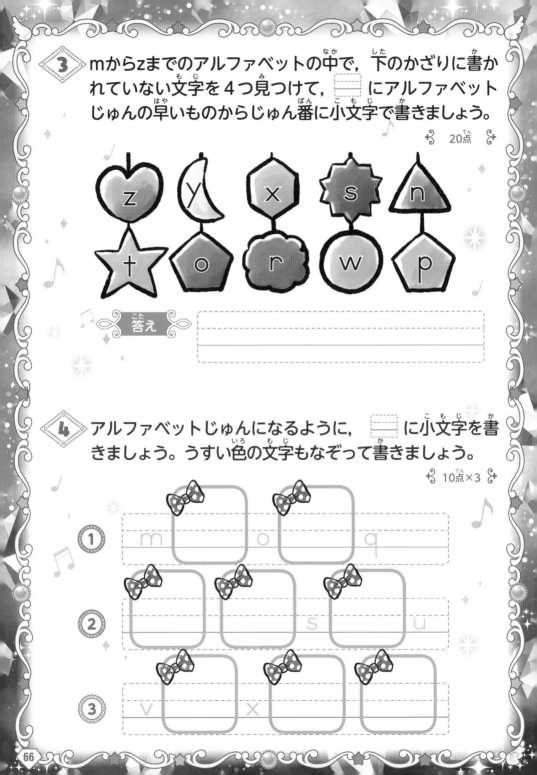

答え

4

アルファベットじゅんになるように，□□□に小文字を書きましょう。うすい色の文字もなぞって書きましょう。

♪ 10点×3 ♪

① m ____ o ____ q

② ____ ____ s ____ u

③ v ____ x ____ ____

66

ローマ字（清音）

月 日

日本語の 50 音（あいうえお）の音をアルファベットで表したものをローマ字というよ。

（ヘボン式ローマ字）

	a	i	u	e	o
	あ a	い i	う u	え e	お o
k	か ka	き ki	く ku	け ke	こ ko
s	さ sa	し shi	す su	せ se	そ so
t	た ta	ち chi	つ tsu	て te	と to
n	な na	に ni	ぬ nu	ね ne	の no
h	は ha	ひ hi	ふ fu	へ he	ほ ho
m	ま ma	み mi	む mu	め me	も mo
y	や ya		ゆ yu		よ yo
r	ら ra	り ri	る ru	れ re	ろ ro
w	わ wa				を wo
	ん n				

※印がついた文字はちがう書き方もあります。

「あいうえお」は「あ」→a,「い」→i,「う」→u,「え」→e,「お」→o と 1 文字で表すよ。それ以外の音は「か」→ka のようにアルファベットを組み合わせて表すよ。

1 ローマ字で「あいうえお」を書いてみましょう。

なぞって
みましょう。

a　i　u　e　o

あ　　い　　う　　え　　お

自分で書いて
みましょう。

2 次のローマ字のことばをなぞって, そのあとに自分で書いてみましょう。

1 うみ

umi

2 ほし

♥「し」は shi と表すよ。

hoshi

3 つき

♥「つ」は tsu と表すよ。

tsuki

21 ローマ字（だく音・半だく音・よう音）

月　日

だく音（が行・ざ行・だ行・ば行）や半だく音（ぱ行），
小さい「ゃ」「ゅ」「ょ」（よう音）はどんな風に書くのかなぁ。

（ヘボン式ローマ字）

	a	i	u	e	o
g	が ga	ぎ gi	ぐ gu	げ ge	ご go
z	ざ za	じ※ ji	ず zu	ぜ ze	ぞ zo
d	だ da	ぢ※ ji	づ zu	で de	ど do
b	ば ba	び bi	ぶ bu	べ be	ぼ bo
p	ぱ pa	ぴ pi	ぷ pu	ぺ pe	ぽ po

k	きゃ kya	きゅ kyu	きょ kyo
s	しゃ※ sha	しゅ※ shu	しょ※ sho
c	ちゃ※ cha	ちゅ※ chu	ちょ※ cho
n	にゃ nya	にゅ nyu	にょ nyo
h	ひゃ hya	ひゅ hyu	ひょ hyo
m	みゃ mya	みゅ myu	みょ myo
r	りゃ rya	りゅ ryu	りょ ryo

g	ぎゃ gya	ぎゅ gyu	ぎょ gyo
j	じゃ※ ja	じゅ※ ju	じょ※ jo
j	ぢゃ※ ja	ぢゅ※ ju	ぢょ※ jo
b	びゃ bya	びゅ byu	びょ byo
p	ぴゃ pya	ぴゅ pyu	ぴょ pyo

※印がついた文字は
　ちがう書き方もあります。♪

69

1

ローマ字で「がぎぐげご」と「ざじずぜぞ」を
書いてみましょう。

なぞって
みましょう。

が	ぎ	ぐ	げ	ご

ga gi gu ge go

ざ	じ	ず	ぜ	ぞ

za ji zu ze zo

2

次のローマ字のことばをなぞって,
そのあとに自分で書いてみましょう。

① かびん

kabin

② にんぎょ

ningyo

③ しゃしん

♥「しゃ」は sha と表すよ。

shashin

70

小さい「っ」は，「っ」の次の音のはじめの文字を2つ書いて表すんだよ。

「きっぷ」

kippu

↑pを2つ書くよ。

「せっけん」

sekken

↑kを2つ書くよ。

のばす音は，のばす音のa, i, u, e, oの上に「＾」をつけるよ。

※「˘」をつけることもあるよ。

「ほうせき」

hôseki

↑「＾」をつけるよ。

「こうすい」

kôsui

↑「＾」をつけるよ。

次のローマ字のことばをなぞって，そのあとに自分で
書いてみましょう。

1 はっぱ

♥pを2つ書くよ。

happa

2 にっこり

♥kを2つ書くよ。

nikkori

3 れっしゃ

♥sを2つ書くよ。

ressha

4 うちゅう

♥2つ目のuの上に「＾」をつけるよ。

uchû

5 こうちゃ

♥oの上に「＾」をつけるよ。

kôcha

23

ローマ字（人名・地名）

月　日

人名や地名ははじめの文字
を大文字にするんだよ！

「りな」

Rina

↑はじめの文字を大文字にするよ。

「たなか めい」

Tanaka Mei

Mei Tanaka

↑名字と名前，それぞれの

はじめの文字を大文字にするよ。

「名字」→「名前」でも
「名前」→「名字」でも
どちらのじゅんでも
いいよ。

♥はじめの文字を大文字にするよ。

「にっぽん」

Nippon

「なら」

Nara

次のローマ字のことばをなぞって，そのあとに自分で書いてみましょう。

1 みさき

Misaki

2 ひろと

Hiroto

3 おきなわ

Okinawa

4 ほっかいどう

Hokkaidô

自分の名前をローマ字で書いてみましょう。

1 絵を表すローマ字がかんせいするように，□に入る文字を（　）からえらんで〇でかこみましょう。

5点×4

① usa□i
（ g ♥ d ）

② s□ji
（ uu ♥ û ）

③ o□osei
（ t ♥ tt ）

④ kin□yo
（ g ♥ k ）

2 の中の文字をならべかえて，それぞれの絵をローマ字で書きましょう。

10点×3

① ngroi

② aacbokh

③ aai jmgo

3 絵を表すローマ字がかんせいするように，□に1文字ずつ書きましょう。うすい字もなぞって書きましょう。

10点×3

① k [ ] k [ ] b [ ] n

② k [ ] s [ ] i [ ] o m

③ k [ ] ô [ ] a [ ] o

4 次の文の＿＿のローマ字の読み方を，（　）にひらがなで書きましょう。

10点×2

今日はピオニーとパンケーキを食べに行ったよ。①ichigoとクリームが②tappuriのっていてとってもおいしかった☆

① （　　　　　　　）

② （　　　　　　　）

76

24

いろいろなくだもの

🖤 くだものの名前を英語で言ってみよう。

アプル
apple

ピーチ
peach

オーレンヂ
orange

バナァナ
banana

チェリ
cherry

🤎 うすい文字をなぞって，横に同じように書いてみましょう。

1 リンゴ

apple

2 バナナ

banana

3 サクランボ

cherry

4 オレンジ

orange

5 モモ

peach

「くだもの」は
英語でfruit って
いうんだよ！

💜 好きなくだものを上から2つえらんで，英語で書いてみましょう。

78

いろいろなやさい

月　日

💜 やさいの名前を英語で言ってみよう。

キューカンバ
cucumber

ポテイトウ
potato

アニョン
onion

キャベッヂ
cabbage

キャロット
carrot

うすい文字をなぞって，横に同じように書いてみましょう。

1 キャベツ

cabbage

2 ニンジン

carrot

3 キュウリ

cucumber

4 タマネギ

onion

5 ジャガイモ

potato

「やさい」は英語で
vegetable って
いうんだよ。

好きなやさいを上から2つえらんで，英語で書いてみましょう。

80

26

いろいろな動物

💜 **動物の名前を英語で言ってみよう。**

ラアビット
rabbit

キアット
cat

ドーグ
dog

エレファント
elephant

マンキ
monkey

♥ うすい文字をなぞって, 横に同じように書いてみましょう。

① ネコ

cat

② イヌ

dog

③ ゾウ

elephant

④ サル

monkey

⑤ ウサギ

rabbit

「動物」は
英語でanimal って
いうんだよ！

♥ 好きな動物を上から2つえらんで, 英語で書いてみましょう。

かくにんテスト❾

月　　日　　答え115ページ

1 れいにならって，絵とその絵を表す単語を線でむすびましょう。

10点×3

れい 　　① 　　② 　　③

ア
banana

イ
onion

ウ
potato

エ
apple

2 絵を表す英語として正しいものを〇でかこみましょう。

10点×3

①
(cat
  dog)

②
(peach
  cherry)

③
(cabbage
  cucumber)

3

絵を表す単語になるように，┄に入る文字を□から
えらんで書きましょう。　　　　　　　　 10点×2

①　r ____ bb ____ t

②　e ____ epha ____ t

a ♥ i ♥ l ♥ n

4

絵を表す単語になるように の中の文字をならべ
かえて，┄に書きましょう。　　　　　 10点×2

①　e r g a n o

②　y o e m k n

月 日

● 色の名前を英語で言ってみよう。

ブルー
blue

グリーン
green

ピンク
pink

レッド
red

イェロウ
yellow

♥ うすい文字をなぞって，横に同じように書いてみましょう。

1 青色
blue

2 緑色
green

3 ピンク色
pink

4 赤色
red

5 黄色
yellow

「色」は
英語でcolor って
いうんだよ。

♥ 好きな色を上から2つえらんで，英語で書いてみましょう。

28

いろいろな文ぼう具

💜 文ぼう具の名前を英語で言ってみよう。

ルーラ
ruler

イレイサ
eraser

ステイプラ
stapler

スィザズ
scissors

ペン
pen

💜 うすい文字をなぞって，横に同じように書いてみましょう。

1 消しゴム

eraser

2 ペン

pen

3 じょうぎ

ruler

4 はさみ

scissors

5 ホッチキス

stapler

「文ぼう具」は英語で
stationery って
いうんだよ！

💜 ほしい文ぼう具を上から2つえらんで，英語で書いてみましょう。

いろいろなスポーツ

💜 スポーツの名前(なまえ)を英語(えいご)で言(い)ってみよう。

テニス
tennis

その他(た)のスポーツ

ベイスボール
baseball 「野球(やきゅう)」

バァスケットボール
basketball 「バスケットボール」

サカ
soccer 「サッカー」

スウィミング
swimming 「水泳(すいえい)」

うすい文字をなぞって，横に同じように書いてみましょう。

① 野球

baseball

② バスケットボール

basketball

③ サッカー

soccer

④ 水泳

swimming

⑤ テニス

tennis

「スポーツ」は英語で sport っていうんだよ。

好きなスポーツを上から2つえらんで，英語で書いてみましょう。

月　日　答え115ページ

1 　　　の中の３つの単語をさがして〇でかこみましょう。

10点×3

	y	t	e	n	n	i	s
y	e	y		n	l	m	w
n	l	e	p	i	c	e	y
y	l	r	n	i	w		s
t	o	o	i	e	n	r	u
s	w	f	g	a	o	k	s

たて，横，ななめに
１列にならんでいる
ものをさがすのよ。

pink
yellow
tennis

2 うすい色の文字をなぞって，その単語が表す色で魚をぬりましょう。

10点×3

91

3 それぞれの絵を表す単語を下の ☐ からえらんで，☐ に書きましょう。 ❧ 10点×2 ❧

①

②

| baseball ♥ swimming ♥ basketball |

4 ①，② のそれぞれの絵を表す単語の ☐ には同じアルファベットが入ります。そのアルファベットを ☐ に書きましょう。 ❧ 10点×2 ❧

① p ☐ n   rul ☐ r

② ☐ tapler   era ☐ er

① ☐   ② ☐

月 日

💜 <ruby>体<rt>からだ</rt></ruby>の<ruby>部<rt>ぶ</rt></ruby><ruby>分<rt>ぶん</rt></ruby>を<ruby>英<rt>えい</rt></ruby><ruby>語<rt>ご</rt></ruby>で<ruby>言<rt>い</rt></ruby>ってみよう。

ヘア
hair

ハァンド
hand

アイ
eye

イア
ear

マウス
mouth

ノゥズ
nose

テイル
tail

93

♥ うすい文字をなぞって，横に同じように書いてみましょう。

① 耳
ear

② 目
eye

③ かみの毛
hair

④ 手
hand

⑤ 口
mouth

⑥ 鼻
nose

⑦ しっぽ
tail

月 日

💛 形の名前を英語で言ってみよう。

スター
star

スクウェア
square

ハート
heart

トゥライアングル
triangle

サ〜クル
circle

うすい文字をなぞって，横に同じように書いてみましょう。

1 円，丸

circle

2 ハート形

heart

3 正方形

square

4 星

star

5 三角形

triangle

「形」は英語で
shape って
いうんだよ！

好きな形を上から2つえらんで，英語で書いてみましょう。

32 曜日の名前

月　日

💜 曜日の名前を英語で言ってみよう。

マンデイ
Monday
「月曜日」

サンデイ
Sunday
「日曜日」

テューズデイ
Tuesday
「火曜日」

「週」は英語で
ウィーク
week って
いうんだよ。

サァタデイ
Saturday
「土曜日」

ウェンズデイ
Wednesday
「水曜日」

フライデイ
Friday
「金曜日」

サ〜ズデイ
Thursday
「木曜日」

💜 うすい文字をなぞって，横に同じように書いてみましょう。

① 月曜日
Monday

② 火曜日
Tuesday

③ 水曜日
Wednesday

④ 木曜日
Thursday

⑤ 金曜日
Friday

⑥ 土曜日
Saturday

⑦ 日曜日
Sunday

点

月　日　答え115ページ

1 曜日を表す単語を，月曜日からじゅん番にならべて，その番号を □ に書きましょう。　30点

4 Tuesday

3 Sunday　　5 Saturday

2 Thursday　　6 Monday

1 Wednesday　　7 Friday

月曜日	火曜日	水曜日	木曜日	金曜日	土曜日	日曜日

2 うすい色の文字をなぞってから，単語が表す形を □ の中にかきましょう。　10点×2

1 square

2 triangle

3 体の部分を表す単語を，下の ⬚ からえらんで ⬚ に書きましょう。

10点×3

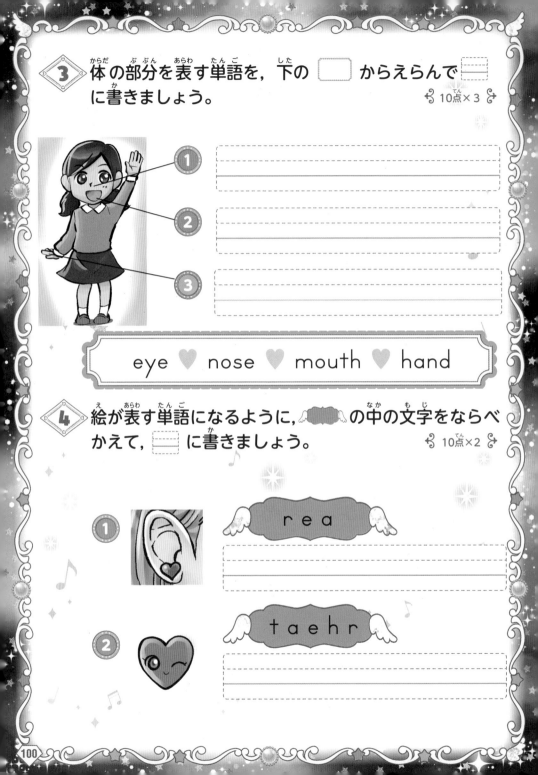

1
2
3

eye ♥ nose ♥ mouth ♥ hand

4 絵が表す単語になるように，✦の中の文字をならべかえて， ⬚ に書きましょう。

10点×2

1 r e a

2 t a e h r

いろいろな天気

月 日

💜 天気を表すことばを英語で言ってみよう。

レイニ
rainy

クラウディ
cloudy

スノウィ
snowy

サニ
sunny

ウィンディ
windy

💜 うすい文字をなぞって，横に同じように書いてみましょう。

1 くもった

cloudy

2 雨の

rainy

3 雪のふる

snowy

4 晴れた

sunny

5 風の強い

windy

「天気」は
英語でweather って
いうんだよ！

💜 天気を表すことばを上から２つえらんで，英語で書いてみましょう。

気持ちやようすを表すことばを英語で言ってみよう。

happy
ハァピ

fine
ファイン

hungry
ハングリ

sleepy
スリーピ

tired
タイアド

103

うすい文字をなぞって，横に同じように書いてみましょう。

1 元気な

fine

2 うれしい

happy

3 くうふくの

hungry

4 ねむい

sleepy

5 つかれた

tired

「気持ち」は英語でfeelingっていうんだよ。

気持ちやようすを表すことばを上から2つえらんで，英語で書いてみましょう。

数字1〜12

♥ 1〜12の数字を英語で言ってみよう。

1	ワン one	2	トゥー two
3	スリー three	4	フォーア four
5	ファイヴ five	6	スィックス six
7	セヴン seven	8	エイト eight
9	ナイン nine	10	テン ten
11	イレヴン eleven	12	トゥウェルヴ twelve

💗 うすい文字をなぞって，横に同じように書いてみましょう。

① 1，1つの

one

② 2，2つの

two

③ 3，3つの

three

④ 4，4つの

four

⑤ 5，5つの

five

⑥ 6，6つの

six

⑦ 7，7つの

seven

⑧ 8，8つの

eight

⑨ 9，9つの

nine

⑩ 10，10の

ten

⑪ 11，11の

eleven

⑫ 12，12の

twelve

かくにんテスト⓬

1 れいにならって，絵とその絵を表す単語を線でむすびましょう。 10点×3

れい　①　②　③

ア rainy　イ cloudy　ウ snowy　エ sunny

2 絵を表す単語になるようにふきだしの中の文字をならべかえて， に書きましょう。 10点×3

① y p h p a

② u g n r h y

③ p l s e e y

3 ハート，星，丸の数を数えて，それぞれの数を表す単語を ☐ の中からえらんで ┈ に書きましょう。

⚜ 10点×3 ⚜

five ♥ seven ♥ three ♥ eight ♥ four

4 ① ～ ④ の絵を表す単語になるように ☐ に文字を入れて，⬭ にできた単語を ┈ に書きましょう。

⚜ 10点 ⚜

				w	o
		s		x	
h	u	n	g	r	y
	f	i	n		
w	i	n		y	

1 Jからtまで，アルファベットの大文字→小文字のじゅんに進みましょう。

30点

スタート

J	j	H	u	V	G	★
i	K	h	N	n	O	Q
I	k	F	m	☺	o	D
m	L	l	M	w	P	q
Y	i	W	q	Q	p	D
x	X	f	R	d	C	d
A	♪	Y	r	S	s	T
a	U	u	E	g	B	t

ゴール

Jの次はjよ。
ななめには
進まないでね！

2 たてや横に単語が4つかくれています。◯でかこんで右の ☐ に英語を書きましょう。

10点×3

c	a	d	o	g
n	w	o	p	o
o	a	r	e	d
s	u	o	y	r
e	f	i	n	e

ヒント　dog

①

②

③

わたしのまほうで
ヒントをつけましたわよ。

3 それぞれの絵を表す単語を下の ☐ からえらんで ☐ に書きましょう。

🎀 10点×2 🎀

①

②

happy ♥ hungry ♥ sunny

4 それぞれの絵を表す単語になるように、①と②にあてはまるアルファベットを書きましょう。

🎀 10点×2 🎀

```
          s
c a r r o ①
          a
          p
t r i a n g ② e
          e
          r
```

①

②

110

答え

かくにんテスト❶ 11〜12ページ

❶ ① C ② E

② D

③ C D E F

④ A C F

かくにんテスト❷ 17〜18ページ

❶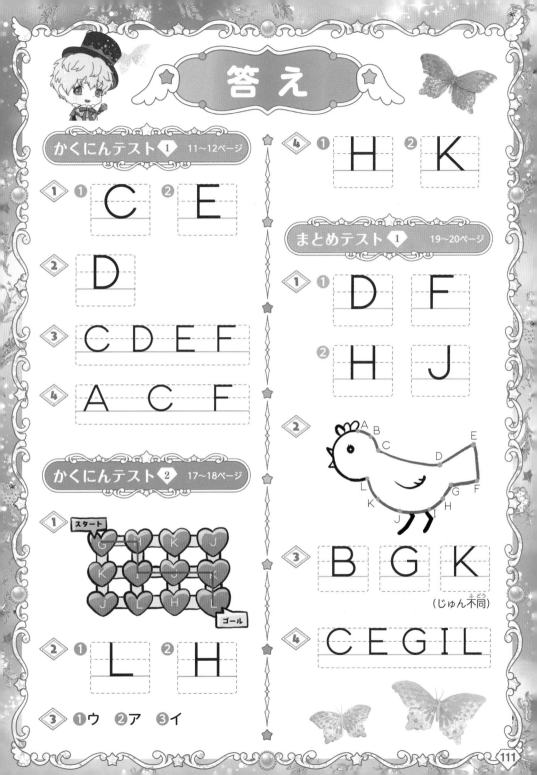
スタート
ゴール

② ① L ② H

③ ①ウ ②ア ③イ

❹ ① H ② K

まとめテスト❶ 19〜20ページ

❶ ① D F

② H J

②

③ B G K
（じゅん不同）

④ C E G I L

111

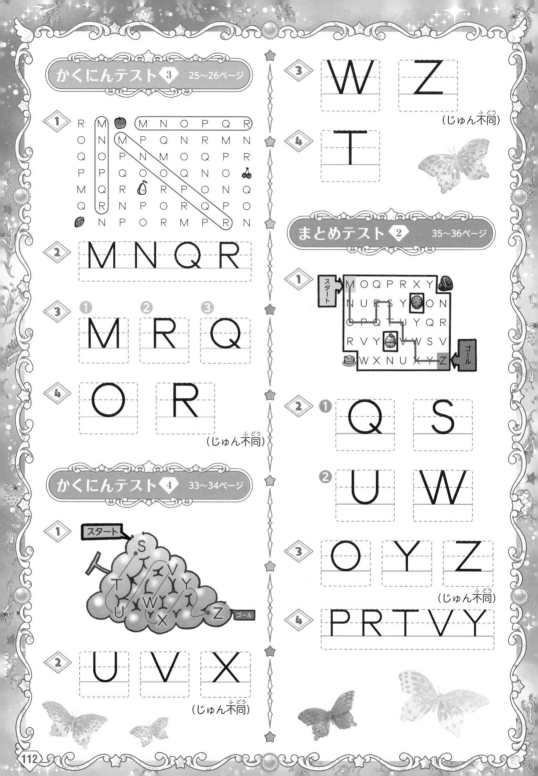

かくにんテスト ③ 25〜26ページ

1

R	M	🍎	M	N	O	P	Q	R
O	N	O	M	P	Q	N	R	M
Q	O	P	N	M	O	Q	P	R
P	P	Q	O	O	N	O	P	🍒
M	Q	R	🍐	R	P	O	N	Q
Q	R	N	P	O	R	Q	P	O
🥔	N	P	O	R	M	P	R	N

2 M N Q R

3
① M　② R　③ Q

4 O R
(じゅん不同)

かくにんテスト ④ 33〜34ページ

1
スタート → ... ゴール

2 U V X
(じゅん不同)

3 W Z
(じゅん不同)

4 T

まとめテスト ② 35〜36ページ

1

スタート
M	O	Q	P	R	X	Y
N	U	R	S	Y	O	N
O	P	Q	T	U	Y	Q	R
R	V	Y	U	V	W	S	V
W	X	N	U	X	Y	Z
ゴール

2
① Q S
② U W

3 O Y Z
(じゅん不同)

4 P R T V Y

112

かくにんテスト◆⑤ 41～42ページ

1 ❶イ ❷エ ❸ア

2 ❶ a ❷ e

3 f (1) こ b (4) こ

4 ❶ b ❷ c ❸ d

かくにんテスト◆⑥ 47～48ページ

1 ❶○ ❷× ❸× ❹○

2 ❶ i ❷ l

3 ❶ j ❷ h ❸ g

4 k

まとめテスト◆❸ 49～50ページ

1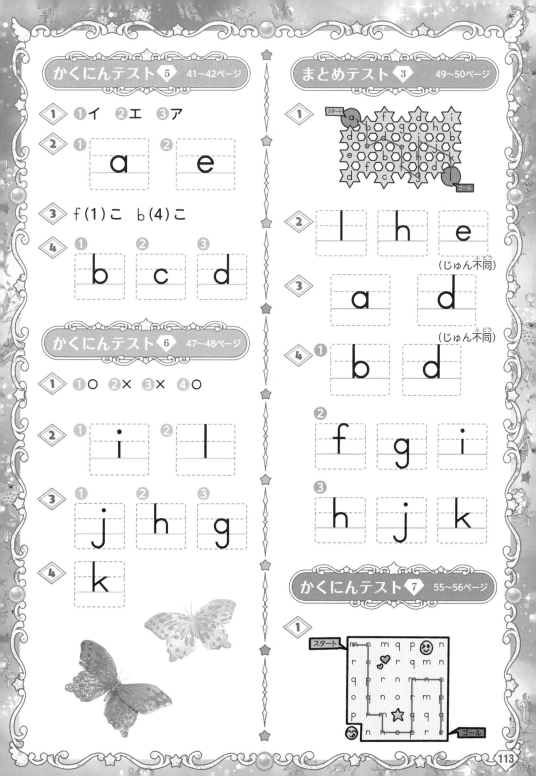

2 l h e
（じゅん不同）

3 a d
（じゅん不同）

4 ❶ b d

❷ f g i

❸ h j k

かくにんテスト◆⑦ 55～56ページ

1

113

2 n o q

3 ❶ p ❷ r ❸ m

4 m p
(じゅん不同)

かくにんテスト⑧ 63〜64ページ

1

2 ❶ y ❷ u ❸ t

3 s u v x z

4 ❶ t u
   ❷ w y

まとめテスト❹ 65〜66ページ

1 ❶× ❷× ❸○ ❹○ ❺○

2 ❶ o ❷ s ❸ x

3 m q u v

4 ❶ n p
   ❷ q r t
   ❸ w y z

まとめテスト⑤ 75〜76ページ

1 ❶g ❷û ❸tt ❹g

2 ❶ ringo
   ❷ kabocha
   ❸ jagaimo

114

③
❶ o u a

❷ e h g u

❸ y k s h

④
❶ いちご　**❷** たっぷり

かくにんテスト❾ 83〜84ページ

◇① **❶**ア　**❷**イ　**❸**エ

◇② **❶** dog　**❷** peach
❸ cucumber

◇③ **❶** a i

❷ l n

◇④ **❶** orange

❷ monkey

かくにんテスト❿ 91〜92ページ

◇①

	y	t	e	n	n	i	s
y	e			n	l	m	w
n	l	e		p	i	c	e	y
y	l	r	n	i	w		s
t	o	o	i	e	n	r	u
s	w	f	g	a	o	k	

◇② red　green　blue

③
❶ swimming

❷ basketball

◇④ **❶** e　**❷** s

かくにんテスト⓫ 99〜100ページ

◇① ⑥−④−①−②−⑦−⑤−③

◇② **❶** ☐　**❷** △

◇③ **❶** nose

② mouth

③ hand

④ ① ear

② heart

① ①ア ②イ ③ウ

② ① happy

② hungry

③ sleepy

③ seven

five

three

④ tired

①

② ① nose

② red

③ fine

③ ① sunny

② hungry

④ ① t ② l

116